**Nunca.
Nunca me rindo.
Tendría que
estar muerto o
completamente
incapacitado**

Elon Musk
(autónomo)

Dibuja una diana sobre el formulario. Tírale bolitas de papel higiénico mojadas en agua.

Frase que te puede inspirar

Te he enviado el logo que tenemos. Está en Word, ¿va bien?

Agencia Tributaria

Teléfono: 901 33 55 33
www.agenciatributaria.es

MINISTERIO DE HACIENDA
Y ADMINISTRACIONES
PÚBLICAS

DECLARACIÓN CENSAL
de alta, modificación y baja en el Censo de
Empresarios, Profesionales y Retenedores

Modelo
036

Datos identificativos

Espacio reservado para la etiqueta identificativa.

| 101 | NIF |

| 102 | Apellidos o razón o denominación social |

| 103 | Nombre |

┌───┐
  Espacio reservado para numeración por código de barras
└───┘

---

1. CAUSAS DE PRESENTACIÓN

A) Alta

110   Solicitud de Número de Identificación Fiscal (NIF)

111   Alta en el censo de empresarios, profesionales y retenedores

B) Modificación

120   Solicitud de NIF definitivo, disponiendo de NIF provisional.

121   Solicitud de nueva tarjeta acreditativa del NIF

142   Modificación de datos de teléfonos y direcciones electrónicas. (páginas 2A, 2B y 2C)

122   Modificación domicilio fiscal. (páginas 2A, 2B y 2C)

123   Modificación domicilio social o de gestión administrativa. (páginas 2A y 2B)

124   Modificación y baja domicilio a efectos de notificaciones. (páginas 2A, 2B y 2C)

125   Modificación otros datos identificativos. (páginas 2A, 2B y 2C)

126   Modificación datos representantes. (página 3)

127   Modificación datos relativos a actividades económicas y locales. (página 4)

128   Modificación de la condición de Gran Empresa o Admón. Pública de presupuesto superior a 6.000.000 de euros. (página 5)

129   Solicitud de alta/baja en el registro de devolución mensual. (página 5)

130   Solicitud de alta/baja en el registro de operadores intracomunitarios. (página 5)

143   Comunicación de opción y renuncia a la llevanza de los Libros registro del IVA a través de la Sede electrónica de la AEAT. (página 5)

131   Modificación datos relativos al Impuesto sobre el Valor Añadido. (página 5)

132   Modificación datos relativos al Impuesto sobre la Renta de las Personas Físicas. (página 6)

133   Modificación datos relativos al Impuesto sobre Sociedades. (página 6)

134   Modificación datos relativos al Impuesto sobre la Renta de no Residentes correspondiente a establecimientos permanentes o a entidades en atribución de rentas constituidas en el extranjero con presencia en territorio español. (página 6)

135   Opción/renuncia por el Régimen fiscal especial del Título II de la Ley 49/2002. (página 6)

136   Modificación datos relativos a retenciones e ingresos a cuenta. (página 7)

137   Modificación datos relativos a otros Impuestos. (página 7)

138   Modificación datos relativos a regímenes especiales del comercio intracomunitario. (página 7)

139   Modificación datos relativos a la relación de socios, miembros o partícipes. (página 8)

140   Dejar de ejercer todas las actividades empresariales y/o profesionales (personas jurídicas y entidades, sin liquidación. Entidades inactivas).

Fecha efectiva del cese   141   /   /

C) Baja

150   Baja en el censo de empresarios, profesionales y retenedores.   151 Causa

Fecha efectiva de la baja   152   /   /

Lugar, fecha y firma

Lugar

Fecha

Firma en calidad de

Firma

Firmado D./Dª.:

coge un bolígrafo. cierra los ojos. garabatea con fuerza mientras gritas.

Desgraciadamente, este proyecto ya se nos pasó de presupuesto con la producción... pero necesitamos un diseño profesional y tenemos un poco de prisa, ¿podrías hacer algo económico?

Agencia Tributaria

Teléfono: 901 33 55 33
www.agenciatributaria.es

MINISTERIO
DE HACIENDA
Y FUNCIÓN PÚBLICA

DECLARACIÓN CENSAL SIMPLIFICADA
de alta, modificación y baja en el Censo de
Empresarios, Profesionales y Retenedores

Pág. 1

Modelo

037

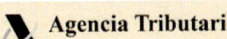

Datos identificativos

Espacio reservado para la etiqueta identificativa.

101	NIF
102	Apellidos
103	Nombre

Espacio reservado para numeración por código de barras

1. CAUSAS DE PRESENTACIÓN

A) Alta

| 111 | Alta en el censo de empresarios, profesionales y retenedores |

B) Modificación

123	Modificación de datos de teléfonos y direcciones electrónicas. (página 1)
122	Modificación domicilio fiscal. (página 1)
124	Modificación y baja domicilio a efectos de notificaciones. (página 1)
125	Modificación otros datos identificativos. (página 1)
127	Modificación datos relativos a actividades económicas y locales. (página 3)
131	Modificación datos relativos al Impuesto sobre el Valor Añadido. (página 2)
132	Modificación datos relativos al Impuesto sobre la Renta de las Personas Físicas. (página 2)
136	Modificación datos relativos a retenciones e ingresos a cuenta. (página 3)

C) Baja

| 150 | Baja en el censo de empresarios, profesionales y retenedores. | 151 Causa | |
| | | 152 Fecha efectiva de la baja | / / |

2. IDENTIFICACIÓN

Identificación

A4 NIF   A5 Apellido 1   A6 Apellido 2   A7 Nombre   A8 Nombre comercial

A9 Condición de "Emprendedor de responsabilidad limitada"   Alta   Baja

A10 Fecha de inscripción o cancelación como emprendedor de responsabilidad limitada en el Registro Mercantil   / /

Datos de teléfonos y direcciones electrónicas

A26 Tlfo. Fijo nacional   A27 Tlfo. Móvil nacional   A28 Tlfo. Fijo extranjero   A29 Tlfo. Móvil extranjero

A31 Correo electrónico   A32 Dominio o dirección de Internet

Domicilio fiscal en España

A11 Tipo de vía   A12 Nombre de la vía pública   A13 Tipo Num.   A14 Núm. casa   A15 Calif. nu   A16 Bloque   A17 Portal   A18 Escal.   A19 Planta   A20 Puerta

A21 Complemento domicilio (ej: Urbanización.., Polígono Industrial.., C. Comercial...)   A22 Localidad / Población (si es distinta de Municipio)

A23 C. Postal   A24 Nombre del Municipio   A25 Provincia   A30 Referencia catastral

Domicilio a efectos de notificaciones (si es distinto del fiscal, cumplimente el apartado 1 ó el 2 según estime oportuno)

A40 Baja

1) A41 Tipo de vía   A42 Nombre de la vía pública   A43 Tipo Num.   A44 Núm. casa   A45 Calif. nu   A46 Bloque   A47 Portal   A48 Escal.   A49 Planta   A50 Puerta

A51 Complemento domicilio (ej: Urbanización.., Polígono Industrial.., C. Comercial...)   A52 Localidad / Población (si es distinta de Municipio)

A53 C. Postal   A54 Nombre del Municipio   A55 Provincia

A59 Destinatario (si es distinto del declarante)   A60 En calidad de: (representante, apoderado, familiar, etc...)

2) A61 APARTADO DE CORREOS NÚMERO: A62 Población / Ciudad   A63 C. Postal

A64 Provincia   A68 Destinatario (si es distinto del declarante)   A69 En calidad de: (representante, apoderado, familiar, etc...)

Haz una composición con las manchas del vaso de los cinco cafés que necesitas para terminar el encargo de última hora.

Frase que te puede inspirar

- ¿Cuál es
la fecha
de entrega?
- Para ayer...
jajajaja.

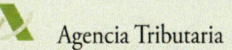
Agencia Tributaria
Teléfono: 901 33 55 33
www.agenciatributaria.es

MINISTERIO DE HACIENDA ADMINISTRACIONES PUBLICAS

Impuesto sobre el Valor Añadido
Declaración-Resumen anual

Pág. 1

Modelo
390

1. Sujeto pasivo

2. Devengo

Ejercicio

Declaración sustitutiva ....

Declaración sustitutiva por rectificación de cuotas deducidas en caso de concurso de acreedores (art. 80.Tres LIVA) ....

Número identificativo declaración anterior

NIF

Espacio reservado para numeración por código de barras

Apellidos y Nombre o Razón social o denominación

Registro de devolución mensual en algún período del ejercicio ....

Régimen especial del grupo de entidades en algún período del ejercicio....... Nº Grupo   Dominante   Dependiente

Tipo régimen especial aplicable: Art. 163 sexies.cinco .... SI   NO   NIF entidad dominante

¿Ha sido declarado en concurso de acreedores en este ejercicio?   SI   NO

¿Ha optado por el régimen especial del criterio de caja (art. 163.undecies LIVA)?   SI   NO

¿Ha sido destinatario de operaciones a las que se aplique el régimen especial del criterio de caja?   SI   NO

3. Datos estadísticos

A **Actividades a las que se refiere la declaración** (de mayor a menor importancia por volumen de operaciones)

Principal

B Clave   **C** Epígrafe IAE

Otras

Si ha efectuado operaciones por las que tenga obligación de presentar la declaración anual de operaciones con terceras personas, marque una "X" ....   **D**

Declaración de sujeto pasivo incluido en autoliquidaciones conjuntas

Sujeto pasivo acogido a la presentación de la autoliquidación conjunta a través de la entidad:

NIF   Razón social

4. Datos del representante

Personas físicas y entidades sin personalidad jurídica

Representante

NIF   Apellidos y Nombre o Razón social o denominación

Calle, Pza., Avda.   Nombre de la vía pública   Número   Esc.   Piso   Prta.   Teléfono

Municipio   Provincia   Cod. Postal

Personas jurídicas

Declaración de los Representantes legales de la Entidad

El (los) representante(s) legal(es) de la Entidad declarante, manifiesta(n) que todos los datos consignados se corresponden con la información contenida en los libros oficiales exigidos por la legislación mercantil y en la normativa del Impuesto.

Por poder,   Por poder,   Por poder,

D ....   D ....   D ....
NIF ....   NIF ....   NIF ....
Fecha Poder ....   Fecha Poder ....   Fecha Poder ....
Notaría ....   Notaría ....   Notaría ....

Un acto de cortesía consiste, precisamente, en fingir que quiero hacer lo que el otro quiere que haga, de modo que mi sumisión al deseo del otro no ejerza presión sobre él.

Slavoj Žižek

Haz un collage con los tickets de los gastos que no puedes declarar.

Frase que te puede inspirar

Te acabo de enviar la imagen que me pedías para el diseño. ¿Está bien de calidad?

la imagen →

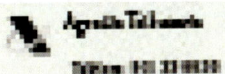
Identificación (1)

Devengo (2)   Ejercicio [   ]   Periodo [   ]

NIF [   ]   Apellidos y Nombre o Razón social [   ]

SÍ   NO

Liquidación (3)

Régimen general

IVA devengado

	Base imponible	Tipo %	Cuota
Régimen general			
Adquisiciones intracomunitarias de bienes y servicios			
Modificación bases y cuotas			
Recargo equivalencia			
Modificaciones bases y cuotas del recargo de equivalencia			
Total cuota devengada ([ ] + [ ] + [ ] + [ ] + [ ] + [ ] + [ ] + [ ] + [ ])			

IVA deducible

	Base	Cuota
Total a deducir ([ ] + [ ] + [ ] + [ ] + [ ] + [ ] + [ ] + [ ])		

| Resultado régimen general ([ ] - [ ]) | | |

Piensa en todo lo que no le has dicho a tus clientes. Muerde la página.

Frase que te puede inspirar

Todavía no tenemos el contenido, pero puedes ir trabajando en el diseño.

MINISTERIO
DE HACIENDA
ADMINISTRACIONES PÚBLICAS

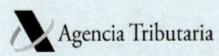

Teléfono: 901 33 55 33
www.agenciatributaria.es

Impuesto sobre la Renta de las Personas Físicas.
Impuesto sobre Sociedades.
Impuesto sobre la Renta de no Residentes (establecimientos permanentes).
RETENCIONES E INGRESOS A CUENTA SOBRE DETERMINADAS RENTAS O RENDIMIENTOS PROCEDENTES DEL ARRENDAMIENTO O SUBARRENDAMIENTO DE INMUEBLES URBANOS

Declaración-documento de ingreso

Modelo

115

Identificación (1)

Devengo (2)

Ejercicio ....

Período ....

N.I.F.

Apellidos y nombre, denominación o razón social

Liquidación (3)

RETENCIONES E INGRESOS A CUENTA

Nº de perceptores... **1**

Base de las retenciones e ingresos a cuenta................................. **2**

Retenciones e ingresos a cuenta **3**

A deducir (exclusivamente en caso de declaración complementaria):
Resultado a ingresar de la anterior o anteriores declaraciones del mismo concepto, ejercicio y periodo **4**

Resultado a ingresar (3 - 4).. **5**

Complementaria (4)

Si esta declaración es complementaria de otra declaración anterior correspondiente al mismo concepto, ejercicio y período, indíquelo marcando con una "X" esta casilla.

☐ Declaración complementaria

En este caso, consigne a continuación el número de justificante identificativo de la declaración anterior.

Nº de justificante

Ingreso (5)

Ingreso efectuado a favor del TESORO PÚBLICO, cuenta restringida de la Delegación de la A.E.A.T., para la RECAUDACIÓN de los TRIBUTOS.

Forma de pago:

Importe: **I**

Código IBAN

Ejemplar para el contribuyente   1

Arruga este formulario tan fuerte como puedas en el micrófono de tu móvil cuando descuelgues la enésima llamada de ese cliente tan especial.

Frase que te puede inspirar

Hazlo como esto, pero no lo copies. Hazlo diferente pero que parezca igual.

MINISTERIO DE ECONOMÍA Y HACIENDA

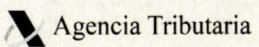

Teléfono: 901 33 55 33
www.agenciatributaria.es

Declarante

Espacio reservado para la etiqueta identificativa
(si no dispone de etiquetas, haga constar a continuación sus datos identificativos)

Espacio reservado para numeración por código de barras

N.I.F.

TELÉFONO DE CONTACTO

APELLIDOS Y NOMBRE, DENOMINACIÓN O RAZÓN SOCIAL O DENOMINACIÓN

N.I.F. del representante

Ejercicio

Ejercicio ....

Declaración complementaria o sustitutiva

Si la presentación de esta declaración tiene por objeto incluir datos que, debiendo haber figurado en otra declaración del mismo ejercicio presentada anteriormente, hubieran sido completamente omitidos en la misma, o si el objeto es modificar parcialmente el contenido de la anteriormente presentada, marque con una "X" la casilla "Declaración complementaria que corresponda, o ambas, en su caso".

Cuando la presentación de esta declaración tenga por objeto anular y sustituir completamente a otra declaración anterior del mismo ejercicio en la cual se hubieran consignado datos inexactos o erróneos, indique su carácter de declaración sustitutiva marcando con una "X" la casilla correspondiente.

Declaración complementaria por inclusión de datos..........................

Declaración complementaria por modificación o anulación de datos

Declaración sustitutiva ....

Número identificativo de la declaración anterior

Resumen de los datos incluidos en la declaración

Número total de personas y entidades **01**

Importe total anual de las operaciones **02**

Número total de inmuebles.. **03**

Importe total de las operaciones de arrendamiento de locales de negocio **04**

Fecha y firma

Fecha:

Firma:

Fdo.: D/Dª. _____

Cargo o empleo:_____

Espacio reservado para la Administración

Hoja resumen. Ejemplar para la Administración

Los verdaderos parásitos de nuestra sociedad son los que más ganan, que propagan todo esto para mantenernos en un estado de pánico y ansiedad, y de individualismo competitivo radical, por el cual no podemos actuar juntos y tomar una decisión colectiva.

La gran mentira que nos han vendido desde el neoliberalismo es que si le quitamos a la gente la seguridad [...] un manantial de creatividad emergerá.

Pues lo que pasa si le quitamos a la gente la seguridad es lo que me pasaba a mí cuando era autónomo: toda su energía creativa va a parar a «¿cómo puedo ganar dinero?». Esta es la energía de la sociedad, esta estupidez en la que la gente tiene que estar siempre pensando.

Mark Fisher

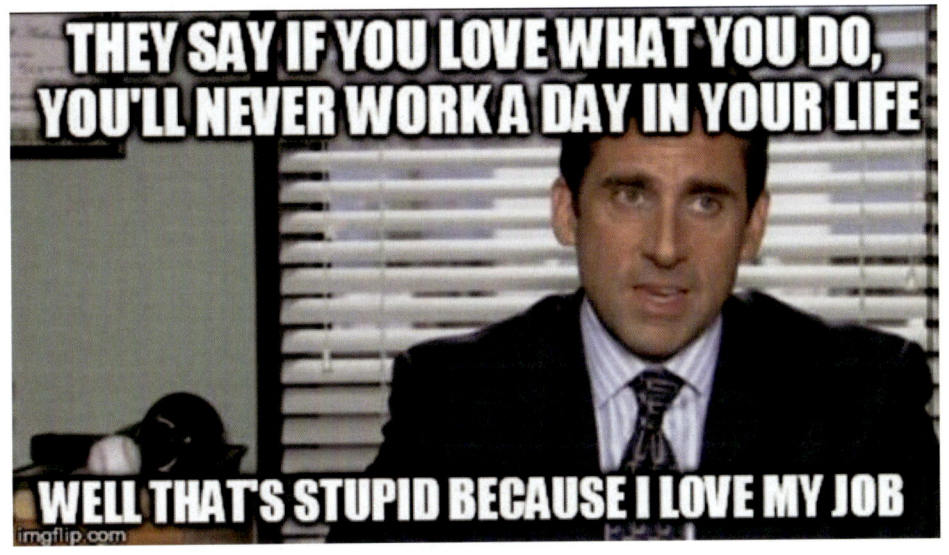

Dibuja compulsivamente mientras te dejan en espera en el teléfono de hacienda.

¿Puedes hacer un último cambio? Te prometo que es el último.

MINISTERIO DE HACIENDA

Agencia Tributaria

Delegación de _____
Administración de _____   Código Administración _____

Declaración recapitulativa de operaciones intracomunitarias. €

Art. 78 al 81 del Reglamento del I.V.A. aprobado por el R.D. 1624/1992, de 29 de diciembre (B.O.E. del 31)

Modelo

349

Identificación

Espacio reservado para la etiqueta identificativa

(si no dispone de etiquetas, haga constar a continuación sus datos identificativos, así como los de su domicilio fiscal)

Ejercicio, periodo y tipo de presentación

Ejercicio ....

Periodo ....

Modalidad de presentación:

Impreso ....

Soporte {
  Soporte individual ....
  Soporte colectivo { Presentador ....
                      Sujeto pasivo declarante

N.I.F. _____   Apellidos y nombre o Razón social _____   Teléfono de contacto _____

Calle/Plaza/Avda. _____   Número ____ Esc. ____ Piso ____ Prta. ____

Código Postal _____   Municipio _____   Provincia _____

Declaración complementaria o sustitutiva

Si la presentación de esta declaración tiene por objeto incluir operaciones que, debiendo haber figurado en otra declaración del mismo ejercicio y período presentada anteriormente, hubieran sido completamente omitidas en la misma, marque con una "X" la casilla "Declaración complementaria".

Cuando la presentación de esta declaración tenga por objeto anular y sustituir completamente otra declaración anterior del mismo ejercicio y período en la cual se hubieran consignado datos inexactos, o erróneos, indique su carácter de declaración sustitutiva marcando con una "X" la casilla correspondiente.

En caso de declaraciones sustitutivas, se hará constar a continuación el número identificativo de la declaración anterior que se sustituye mediante la nueva.

Declaración complementaria ....
Declaración sustitutiva ....   Número identificativo de la declaración anterior ..... _____

Resumen declaración

Número total de operadores intracomunitarios ....   **01** _____

Importe de las operaciones intracomunitarias ....   **02** _____

Número total de operadores intracomunitarios con rectificaciones ....   **03** _____

Importe de las rectificaciones ....   **04** _____

Presentación en soporte colectivo

a)
Resumen de datos incluídos en el soporte
(Sólo para presentadores colectivos)
{ N.º Total de Declarantes ....   **05** _____
  N.º Total de personas o entidades relacionadas ....   **06** _____

b)
Número de justificante del presentador ....   **07** _____
(Sólo para el ejemplar de cada uno de los sujetos pasivos incluidos en presentación colectiva)

Fecha y firma

Fecha: _____

El sujeto pasivo o su representante

El presentador o su representante
(En presentación colectiva)

Firma:

Fdo.: D/D.ª _____
Cargo o empleo: _____

Administración

Prueba si tienen tinta todos los bolígrafos que tienes desde hace años en el lapicero.

Frase que te puede inspirar

Sólo te llevará un minuto.

MINISTERIO DE HACIENDA

Agencia Tributaria

Delegación de _____

Administración de _____   Código Administración _____

Impuesto sobre la Renta de las Personas Físicas

Retenciones e ingresos a cuenta sobre rendimientos del trabajo, de determinadas actividades económicas, premios y determinadas imputaciones de renta

Resumen anual

Hoja-resumen

Modelo **190**

4680255526

● Declarante

Espacio reservado para la etiqueta identificativa

(Si no dispone de etiquetas, haga constar a continuación sus datos identificativos, así como los de su domicilio fiscal)

N.º de identificación fiscal (N.I.F.) _____   Teléfono de contacto _____

Apellidos y nombre (por este orden) o razón social _____

Domicilio fiscal

Vía pública	Núm.	Esc.	Piso	Prta.
Municipio	Provincia		Código Postal	

● Ejercicio y modalidad de presentación

Ejercicio (con 4 cifras) .... |___|___|___|___|

Modalidad de presentación:

Impreso
- Generado informáticamente mediante el módulo de impresión desarrollado por la A.E.A.T. ....
- Cumplimentado en modelo o formulario preimpreso ....

Soporte
- Soporte individual ....
- Soporte colectivo
  - Presentador ....
  - Retenedor ....

● Declaración complementaria o sustitutiva

Si la presentación de esta declaración tiene por objeto incluir percepciones que, debiendo haber figurado en otra declaración del mismo ejercicio presentada anteriormente, hubieran sido completamente omitidas en la misma, marque con una "X" la casilla "Declaración complementaria".

Cuando la presentación de esta declaración tenga por objeto anular y sustituir completamente a otra declaración anterior del mismo ejercicio en la cual se hubieran consignado datos inexactos o erróneos, indique su carácter de declaración sustitutiva marcando con una "X" la casilla correspondiente.

En caso de declaración sustitutiva, se hará constar asimismo el número de trece dígitos identificativo de la declaración anterior que se sustituye mediante la nueva.

Declaración complementaria ....

Declaración sustitutiva ....   Número identificativo de la declaración anterior .... |___|___|___|___|___|___|___|___|___|___|___|___|___|

● Resumen de los datos incluidos en la declaración

Número total de percepciones relacionadas **(1)** .... **01** _____

Importe total de las percepciones relacionadas .... **02** _____

Importe total de las retenciones e ingresos a cuenta relacionados .... **03** _____

(1) Consigne el número total de los apuntes o registros de percepción incluidos en las hojas interiores de esta declaración o en el soporte. En caso de que una misma persona o entidad figure más de una vez, en la misma o en diferentes claves, se computarán tantas percepciones como veces aparezca relacionada.

● Presentación en soporte colectivo: datos adicionales

Datos que deben cumplimentarse en la hoja-resumen correspondiente al presentador:

Número total de personas o entidades retenedoras incluidas en el soporte colectivo .... **04** _____

Número total de percepciones incluidas en el soporte colectivo .... **05** _____

Dato que debe cumplimentarse en todas y cada una de las hojas-resumen correspondientes a las personas o entidades retenedoras incluidas en el soporte colectivo:

Número identificativo de la hoja-resumen correspondiente al presentador .... **06** _____

● Fecha y firma

Fecha: _____

El retenedor o su representante ....

El presentador o su representante (en presentación colectiva) ....

(Marque con una "X" la casilla que proceda, según se trate de la declaración correspondiente al retenedor o del ejemplar correspondiente al presentador, en caso de presentación colectiva).

Firma:

Fdo.: D./D.ª _____

Cargo o empleo: _____

● Espacio reservado para la Administración

Hoja-resumen. Ejemplar para la Administración

Usa esta página como felpudo para la entrada de tu oficina en un día de lluvia.

Envié el diseño a varios amigos y al grupo de Whatssap de la familia y a mi tío Paco no le acaban de gustar los colores, ¿podríamos probarlo en otro azul?

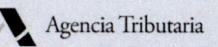
Retenciones e ingresos a cuenta del IRPF
Rendimientos del trabajo y de actividades económicas, premios y
determinadas ganancias patrimoniales e imputaciones de renta
Declaración - Documento de ingreso

Modelo

111

Declarante (1)

Espacio reservado para la etiqueta identificativa

Si no dispone de etiquetas, consigne los datos identificativos que se solicitan a continuación.

NIF | | | | | | | | | | | Apellidos y nombre o razón social

Devengo (2)

Ejercicio ... | | | | | Período ..... | |

Espacio reservado para la numeración por código de barras

Liquidación (3)

I. Rendimientos del trabajo

	N.º de perceptores	Importe de las percepciones	Importe de las retenciones
Rendimientos dinerarios	01	02	03

	N.º de perceptores	Valor percepciones en especie	Importe de los ingresos a cuenta
Rendimientos en especie	04	05	06

II. Rendimientos de actividades económicas

	N.º de perceptores	Importe de las percepciones	Importe de las retenciones
Rendimientos dinerarios	07	08	09

	N.º de perceptores	Valor percepciones en especie	Importe de los ingresos a cuenta
Rendimientos en especie	10	11	12

III. Premios por la participación en juegos, concursos, rifas o combinaciones aleatorias

	N.º de perceptores	Importe de las percepciones	Importe de las retenciones
Premios en metálico	13	14	15

	N.º de perceptores	Valor percepciones en especie	Importe de los ingresos a cuenta
Premios en especie	16	17	18

IV. Ganancias patrimoniales derivadas de los aprovechamientos forestales de los vecinos en montes públicos

	N.º de perceptores	Importe de las percepciones	Importe de las retenciones
Percepciones dinerarias	19	20	21

	N.º de perceptores	Valor percepciones en especie	Importe de los ingresos a cuenta
Percepciones en especie	22	23	24

V. Contraprestaciones por la cesión de derechos de imagen: ingresos a cuenta previstos en el artículo 92.8 de la Ley del Impuesto

	N.º de perceptores	Contraprestaciones satisfechas	Importe de los ingresos a cuenta
Contraprestaciones dinerarias o en especie	25	26	27

Total liquidación:

Suma de retenciones e ingresos a cuenta (03 + 06 + 09 + 12 + 15 + 18 + 21 + 24 + 27) 28

A deducir (exclusivamente en caso de declaración complementaria):

Resultados a ingresar de anteriores declaraciones por el mismo concepto, ejercicio y periodo 29

Resultado a ingresar (28 − 29) 30

Ingreso (4)

Ingreso efectuado a favor del Tesoro público. Cuenta restringida de colaboración en la recaudación de la AEAT de declaraciones-liquidaciones o autoliquidaciones.

Importe del ingreso I
(casilla 30)

Forma de pago: | En efectivo | E.C. adeudo en cuenta

Código cuenta cliente (CCC)

Entidad	Sucursal	DC	Número de cuenta

Negativa (5)

Declaración negativa

Complementaria (6)

Si esta declaración es complementaria de otra declaración anterior correspondiente al mismo concepto, ejercicio y periodo, indíquelo marcando con una "X" esta casilla.

Declaración complementaria

En este caso, consigne a continuación el número de justificante identificativo de la declaración anterior.

N° de justificante: | | | | | | | | | | | | | |

Firma (7)

_____ , a ____ de _____ de _____

Firma:

Este documento no será válido sin la certificación mecánica o, en su defecto, firma autorizada

Ejemplar para el sujeto pasivo

Estamos frente a un nuevo tipo de capitalismo caliente, psicotrópico y punk.

Paul B. Preciado

Deja esta página cerca del rollo del papel de baño para emergencias.

Frase que te puede inspirar

Vamos a publicar tus propuestas en Instagram y que elijan nuestros seguidores.

MINISTERIO
DE HACIENDA
Y ADMINISTRACIONES PÚBLICAS

Agencia Tributaria
Teléfono: 901 33 55 33
www.agenciatributaria.es

Impuesto sobre la Renta de las Personas Físicas

Declaración

Ejercicio 2014

Página 1

Modelo
D-100

Primer declarante y cónyuge, en caso de matrimonio no separado legalmente

• Primer declarante

01 NIF

02 Primer apellido

03 Segundo apellido

04 Nombre

Importante: los contribuyentes que tengan la consideración de empresarios o profesionales y hayan cambiado de domicilio habitual, deberán comunicarlo presentando declaración censal (modelo 036 ó 037) de modificación de datos.

Sexo del primer declarante:
H: hombre
M: mujer **05**

Estado civil (el 31-12-2014)
Soltero/a **06**
Casado/a **07**
Viudo/a **08**

Divorciado/a o separado/a legalmente **09**

Fecha de nacimiento **10**

Grado de discapacidad. Clave **11**

Cambio de domicilio. Si ha cambiado de domicilio, consigne una "X" **13**

Domicilio habitual actual del primer declarante

15 Tipo de Vía

16 Nombre de la Vía Pública

17 Tipo de numeración

18 Número de casa

19 Calificador del número

20 Bloque

21 Portal

22 Escalera

23 Planta

24 Puerta

25 Datos complementarios del domicilio

26 Localidad / Población (si es distinta del municipio)

27 Código Postal

28 Nombre del Municipio

29 Provincia

30 Teléf. fijo

31 Teléf. móvil

32 N.º de FAX

Si el domicilio está situado en el extranjero:

35 Domicilio / Address

36 Datos complementarios del domicilio

37 Población/Ciudad

38 e-mail

39 Código Postal (ZIP)

40 Provincia/Región/Estado

41 País

42 Código País

43 Teléf. fijo

44 Teléf. móvil

45 N.º de FAX

Datos adicionales de la vivienda en la que el primer declarante tiene su domicilio habitual actual. Si el primer declarante y/o su cónyuge son propietarios de la vivienda, se consignarán también, en su caso, los datos de las plazas de garaje, con un máximo de dos, y de los trasteros y anexos adquiridos conjuntamente con la misma, siempre que se trate de fincas registrales independientes.

Titularidad (clave)	Porcentaje/s de participación, en caso de propiedad o usufructo:		Situación (clave)	Referencia catastral
50	Primer declarante: **51**	Cónyuge: **52**	**53**	**54**
50	Primer declarante: **51**	Cónyuge: **52**	**53**	**54**
50	Primer declarante: **51**	Cónyuge: **52**	**53**	**54**
50	Primer declarante: **51**	Cónyuge: **52**	**53**	**54**
50	Primer declarante: **51**	Cónyuge: **52**	**53**	**54**
50	Primer declarante: **51**	Cónyuge: **52**	**53**	**54**
50	Primer declarante: **51**	Cónyuge: **52**	**53**	**54**
50	Primer declarante: **51**	Cónyuge: **52**	**53**	**54**

Sólo si ha consignado la clave 3 en la casilla 50: NIF arrendador **55**

Si no tiene NIF, consigne Número de Identificación en el País de residencia **59**

• Cónyuge (los datos identificativos del cónyuge son obligatorios en caso de matrimonio no separado legalmente)

61 NIF

62 Primer apellido

63 Segundo apellido

64 Nombre

Importante: los contribuyentes que tengan la consideración de empresarios o profesionales y hayan cambiado de domicilio habitual, deberán comunicarlo presentando declaración censal (modelo 036 ó 037) de modificación de datos.

Sexo del cónyuge (H: hombre; M: mujer) **65**

Fecha de nacimiento del cónyuge **66**

Grado de discapacidad del cónyuge. Clave **67**

Cónyuge no residente que no es contribuyente del IRPF **68**

Cambio de domicilio. Si el cónyuge ha cambiado de domicilio, consigne una "X" en esta casilla. (Solamente en caso de declaración conjunta) **70**

Domicilio habitual actual del cónyuge, en caso de tributación conjunta
(si es distinto del domicilio del primer declarante)

15 Tipo de Vía

16 Nombre de la Vía Pública

17 Tipo de numeración

18 Número de casa

19 Calificador del número

20 Bloque

21 Portal

22 Escalera

23 Planta

24 Puerta

25 Datos complementarios del domicilio

26 Localidad / Población (si es distinta del municipio)

27 Código Postal

28 Nombre del Municipio

29 Provincia

30 Teléf. fijo

33 Teléf. móvil

32 N.º de FAX

Si el domicilio está situado en el extranjero:

35 Domicilio / Address

36 Datos complementarios del domicilio

37 Población/Ciudad

38 e-mail

39 Código Postal (ZIP)

40 Provincia/Región/Estado

41 País

42 Código País

43 Teléf. fijo

44 Teléf. móvil

45 N.º de FAX

Representante

75 NIF

76 Apellidos y nombre o razón social

Fecha y firma de la declaración

Manifiesto/manifestamos que son ciertos los datos consignados en la presente declaración.

En _____ a ____ de _____ de ____

Firma del primer declarante:

Firma del cónyuge:
(obligatoria en caso de matrimonios en tributación conjunta)

Arranca la página y haz un barquito de papel mientras imaginas las vacaciones que no vas a poder pagarte.

Siento que no te haya pagado todavía. Es que me estoy comprando una casa y es mucho lío.

MINISTERIO DE ECONOMÍA Y HACIENDA

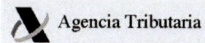

Agencia Tributaria
Teléfono: 901 33 55 33
www.agenciatributaria.es

Impuesto sobre la Renta de las Personas Físicas
Actividades económicas en estimación directa
Pago fraccionado   **Declaración**

Modelo
130

Declarante (1)

Espacio reservado para la etiqueta identificativa

Si no dispone de etiquetas, consigne los datos identificativos que se solicitan a continuación.

NIF | Apellidos y nombre

Devengo (2) Ejercicio ... [ ] Período ..... [ ]T

4691397855

|||||||||||| (barcode)

Liquidación (3)

I. Actividades económicas en estimación directa, modalidad normal o simplificada, distintas de las agrícolas, ganaderas, forestales y pesqueras. (Datos acumulados del periodo comprendido entre el primer día del año y el último del trimestre).

Ingresos computables correspondientes al conjunto de las actividades ejercidas .... | 01 |
Gastos fiscalmente deducibles correspondientes al conjunto de las actividades ejercidas ..... | 02 |
Rendimiento neto (01 - 02). Si se obtiene una cantidad negativa, consígnela con signo menos (-) ..... | 03 |
20 por 100 del importe de la casilla 03 si dicho importe es positivo. (Si la casilla 03 fuese negativa, consigne el número cero)........... | 04 |
A deducir:

De los trimestres anteriores: suma de los importes positivos de la casilla 07 menos la suma de los importes de la casilla 16 .... | 05 |

Retenciones e ingresos a cuenta soportados por las actividades incluidas en este apartado y correspondientes al periodo comprendido entre el primer día del año y el último día del trimestre ..... | 06 |

Pago fraccionado previo del trimestre (04 - 05 - 06). Si se obtiene una cantidad negativa, consígnela con signo menos (-)........ | 07 |

II. Actividades agrícolas, ganaderas, forestales y pesqueras en estimación directa, modalidad normal o simplificada.

Volumen de ingresos del trimestre (excluidas las subvenciones de capital y las indemnizaciones) ..... | 08 |
2 por 100 de importe de la casilla 08 ..... | 09 |
A deducir: Retenciones e ingresos a cuenta soportados por las actividades incluidas en este apartado y correspondiente al trimestre .... | 10 |
Pago fraccionado previo del trimestre (09 - 10). Si se obtiene una cantidad negativa, consígnela con signo menos (-) ..... | 11 |

III. Total liquidación.

Suma de pagos fraccionados previos del trimestre (07 + 11). Si se obtiene una cantidad negativa, consigne el número cero (0) .. | 12 |
A deducir: Minoración por aplicación de la deducción a que se refiere el artículo 80 bis de la Ley del impuesto ..... | 13 |
Diferencia (12 - 13). Si se obtiene una cantidad negativa, consígnela con signo menos (-)........ | 14 |
A deducir (si la diferencia anterior es positiva y con el máximo de su importe):

Resultados negativos de trimestres anteriores ..... | 15 |

Por destinar cantidades al pago de préstamos para la adquisición o rehabilitación de la vivienda habitual:
El 2 por 100 de 03 (máximo: 660,14 euros por trimestre) o el 2 por 100 de 08 (máximo:660,14 euros anuales)............. | 16 |
Total (14 - 15 - 16). Si se obtiene una cantidad negativa, consígnela con signo menos (-)..... | 17 |
A deducir (exclusivamente en caso de declaración complementaria):

Resultado a ingresar de las anteriores declaraciones presentadas por el mismo concepto, ejercicio y periodo ..... | 18 |
Resultado de la declaración (17 - 18) ..... | 19 |

Ingreso (4)

Ingreso efectuado a favor del Tesoro público. Cuenta restringida de colaboración en la recaudación de la AEAT de autoliquidaciones

Importe del ingreso (casilla 19)...... I [ ]

Forma de pago: [ ] En efectivo [ ] Adeudo en cuenta

Código cuenta cliente (CCC)
Entidad | Sucursal | DC | Número de cuenta

A deducir (5)

[ ] **Declaración con resultado a deducir en los siguientes pagos fraccionados del mismo ejercicio**

Complementaria (7)

Si esta declaración es complementaria de otra declaración anterior correspondiente al mismo concepto, ejercicio y periodo, consigne una "X" esta casilla.

[ ] **Declaración complementaria**

En este caso, consigne a continuación el número de justificante identificativo de la declaración anterior.

Nº de justificante: [ ]

Negativa (6)

[ ] **Declaración negativa**

Firma (8)

_____ , a ____ de _____ de _____   Firma:

Este documento no será válido sin la certificación mecánica o, en su defecto, firma autorizada

Ejemplar para el contribuyente

Trabajad, trabajad, proletarios, para aumentar la fortuna social y vuestras miserias individuales; trabajad, trabajad para que, haciéndoos cada vez más pobres, tengáis más razon de trabajar y de ser miserables.

Paul Lafargue

Pon este formulario en el congelador a ver si en 2084 te sale a cobrar.

Frase que te puede inspirar

Hazme este diseño que lo hice con IA y está pixelado.

Castellano   Català   Galego   Valencià   Rellenar Formulario

ayuda

Agencia Tributaria
Teléfono: 901 33 55 33
www.agenciatributaria.es

MINISTERIO
DE ECONOMÍA
Y HACIENDA

Impuesto sobre la Renta de las Personas Físicas
Actividades económicas en estimación objetiva
Pago fraccionado   **Declaración**

Modelo
131

Declarante (1)

Espacio reservado para la etiqueta identificativa

Devengo (2)   Ejercicio ... [   ]   Período..... [ ]T

131467911728 1

Si no dispone de etiquetas, consigne los datos identificativos que se solicitan a continuación.

NIF [   ]   Apellidos y nombre

Liquidación (3)

I. Actividades económicas en estimación objetiva distintas de las agrícolas, ganaderas y forestales.

Actividad (epígrafe IAE)	Rendimiento neto de la actividad a efectos del pago fraccionado	Porcentaje aplicable	Resultado de aplicar el porcentaje correspondiente a cada actividad

Suma de rendimientos netos ... [01]

Pago fraccionado previo del trimestre: suma de resultados .... [02]

II. Actividades económicas en estimación objetiva distintas de las agrícolas, ganaderas y forestales, sin posibilidad de determinar ninguno de los datos-base a efectos del pago fraccionado.

Volumen de ventas o ingresos del trimestre (excluidas las subvenciones de capital y las indemnizaciones) .... [03]

Pago fraccionado previo del trimestre: el 2 por 100 del importe de la casilla [03] .... [04]

III. Actividades agrícolas, ganaderas y forestales en estimación objetiva.

Volumen de ingresos del trimestre (excluidas las subvenciones de capital y las indemnizaciones) .... [05]

Pago fraccionado previo del trimestre: el 2 por 100 del importe de la casilla [05] .... [06]

IV. Total liquidación.

Suma de pagos fraccionados previos del trimestre ([02] + [04] + [06]) .... [07]

A deducir: Retenciones e ingresos a cuenta soportados correspondientes al trimestre .... [08]

Minoración por aplicación de la deducción a que se refiere el artículo 80 bis de la Ley del Impuesto .... [09]

Diferencia ([07] - [08] - [09]). Si se obtiene una cantidad negativa, consígnela con signo menos (-) .... [10]

A deducir (si la diferencia anterior es positiva y con el máximo de su importe):

Resultados negativos de trimestres anteriores .... [11]

Por destinar cantidades al pago de préstamos para la adquisición o rehabilitación de la vivienda habitual:

La suma del 0,5 por 100 de [01] y el 2 por 100 de [03] , o el 2 por 100 de [05] (máximo: 660,14 euros anuales) .... [12]

Total ([10] - [11] - [12]). Si se obtiene una cantidad negativa, consígnela con signo menos (-) .... [13]

A deducir (exclusivamente en caso de declaración complementaria):

Resultado a ingresar de las anteriores declaraciones presentadas por el mismo concepto, ejercicio y periodo .... [14]

Resultado de la declaración ([13] - [14]). Si se obtiene una cantidad negativa, consígnela con signo menos (-) .... [15]

Ingreso (4)

Ingreso efectuado a favor del Tesoro público. Cuenta restringida de colaboración en la recaudación de la AEAT de autoliquidaciones.

Importe del ingreso (casilla [15]) ...... I [   ]

Forma de pago: [ ] En efectivo   [ ] Adeudo en cuenta

Código cuenta cliente (CCC)
Entidad   Sucursal   DC   Número de cuenta

Negativa (6)

[ ] **Declaración negativa**

A deducir (5)

[ ] **Declaración con resultado a deducir en los siguientes pagos fraccionados del mismo ejercicio**

Complementaria (7)

Si esta declaración es complementaria de otra declaración anterior correspondiente al mismo concepto, ejercicio y periodo, consigne una "X" esta casilla.

[ ] **Declaración complementaria**

En este caso, consigne a continuación el número de justificante identificativo de la declaración anterior.

N° de justificante: [   ]

Firma (8)

_____ , a ___ de _____ de _____   Firma

Este documento no será válido sin la certificación mecánica o, en su defecto, firma autorizada

Rellenar Formulario **Ejemplar para el contribuyente**

Castellano   Català   Galego   Valencià

Usa la página para empezar el fuego de la barbacoa del domingo.

Frase que te puede inspirar

Si me gusta el diseño te lo pago.

MINISTERIO DE ECONOMÍA Y HACIENDA

Agencia Tributaria

Delegación de _____

Administración de _____

Código Administración [| | |]

Impuesto sobre la Renta de las Personas Físicas
Impuesto sobre Sociedades
Impuesto sobre la Renta de no Residentes (establecimientos permanentes)

RETENCIONES E INGRESOS A CUENTA SOBRE DETERMINADAS RENTAS O RENDIMIENTOS PROCEDENTES DEL ARRENDAMIENTO O SUBARRENDAMIENTO DE INMUEBLES URBANOS

Resumen anual

Modelo

180

Declarante

Espacio reservado para la etiqueta identificativa

(si no dispone de etiquetas, haga constar a continuación sus datos identificativos, así como los de su domicilio fiscal)

NIF
[   ]

TELÉFONO DE CONTACTO
[   ]

APELLIDOS Y NOMBRE (por este orden) O RAZÓN SOCIAL
[   ]

DOMICILIO FISCAL
Calle/Plaza/Avda. _____ Número ___

Municipio _____ Provincia _____ Cód. postal [| | | |]

Ejercicio y modalidad de presentación

Ejercicio .... [| | |]

Modalidad de presentación:

Impreso .... [ ]

Soporte .... [ ]

Declaración complementaria o sustitutiva

Si la presentación de esta declaración tiene por objeto incluir percepciones que, debiendo haber figurado en otra declaración del mismo ejercicio presentada anteriormente, hubieran sido completamente omitidas en la misma, marque con una "X" la casilla "Declaración complementaria".

Cuando la presentación de esta declaración tenga por objeto anular y sustituir completamente a otra declaración anterior del mismo ejercicio en la cual se hubieran consignado datos inexactos o erróneos, indique su carácter de declaración sustitutiva marcando con una "X" la casilla correspondiente.

En caso de declaraciones sustitutivas, se hará constar a continuación el número identificativo de la declaración anterior que se sustituye mediante la nueva.

Declaración complementaria... [ ]

Declaración sustitutiva .... [ ]   Número identificativo de la declaración anterior .... [| | | | | | | | | | | | |]

Resumen de los datos incluidos en la declaración

N.º Total de Perceptores
01 [   ]

Base retenciones e ingresos a cuenta
02 [   ]

Retenciones e ingresos a cuenta
03 [   ]

Fecha y firma

Fecha: [   ]

Firma:

Fdo.: D/D.ª _____

Cargo o empleo: _____

Espacio reservado para la Administración

Hoja-resumen. Ejemplar para la Administración

Dobla el formulario tantas veces como sean necesarias para nivelar la mesa.

Frase que te puede inspirar

¿Otro cambio se puede?

**MINISTERIO
DE EMPLEO
Y SEGURIDAD SOCIAL**

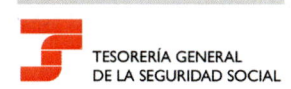

**TESORERÍA GENERAL
DE LA SEGURIDAD SOCIAL**

Registro de presentación

Registro de entrada

En las Comunidades Autónomas con lengua cooficial, existe a su disposición este impreso redactado en lengua vernácula.

ADVERTENCIA:

SOLICITUD SIMPLIFICADA DE: ALTA, BAJA O VARIACIÓN DE DATOS EN EL RÉGIMEN ESPECIAL DE AUTÓNOMOS

1. DATOS DEL SOLICITANTE

1.1 PRIMER APELLIDO   SEGUNDO APELLIDO   NOMBRE   1.2 NÚMERO DE SEGURIDAD SOCIAL

FECHA DE NACIMIENTO   Día ● Mes ● Año ●   1.3 GRADO DE DISCAPACIDAD   1.4 TIPO DE DOCUMENTO IDENTIFICATIVO   D.N.I.:   TARJETA DE EXTRANJERO: PASAPORTE: 1.5 Nº DE DOCUMENTO IDENTIFICATIVO

1.6 DOMICILIO
TIPO DE VÍA   NOMBRE DE LA VÍA PÚBLICA   BLOQUE   NÚM.   BIS   ESCAL.   PISO   PUERTA   CÓD. POSTAL

MUNICIPIO/ENTIDAD DE ÁMBITO TERRITORIAL INFERIOR AL MUNICIPIO   PROVINCIA

1.7 DATOS TELEMÁTICOS
CORREO ELECTRÓNICO

ACEPTO ENVÍO COMUNICACIONES INFORMATIVAS DE LA SEGURIDAD SOCIAL   SI   NO   TELÉFONO MÓVIL

2. DATOS RELATIVOS A LA SOLICITUD (Marque con "X" la opción correcta)

ALTA ●   BAJA ●   VARIACIÓN DE DATOS ●   FECHA DE INICIO/CESE/VARIACIÓN DE DATOS   Día ●   Mes ●   Año ●

2.1 CAUSA DE LA BAJA / VARIACIÓN DE DATOS   2.2 D.N.I./N.S.S/C.I.F. o C.C.C. DEL SUCESOR/A DE LA ACTIVIDAD

A esta solicitud se acompañan los siguientes documentos:

3. DATOS RELATIVOS A LA ACTIVIDAD PROFESIONAL

3.1 ACTIVIDAD ECONÓMICA - COLEGIO PROFESIONAL   3.2 I.A.E.   CNAE 2009

3.3 NOMBRE COMERCIAL

3.4 DOMICILIO
TIPO DE VÍA   NOMBRE DE LA VÍA PÚBLICA   BLOQUE   NÚM.   BIS   ESCAL.   PISO   PUERTA   CÓD. POSTAL

MUNICIPIO / ENTIDAD DE ÁMBITO TERRITORIAL INFERIOR AL MUNICIPIO   PROVINCIA   TELÉFONO

3.5 MARQUE CON "X" SI ESTA INCLUIDO EN ALGUNO DE LOS SIGUIENTES SUPUESTOS

MUJER REINCORPORADA AL TRABAJO, DESPUÉS DE MATERNIDAD ●   VENTA AMBULANTE ●   TRABAJADOR DE TEMPORADA (FECHA PREVISTA CESE ACTIVIDAD): ●

AUTÓNOMO INTEGRADO EN UN COLEGIO PROFESIONAL ●   NOTARIO ●

4. OPCIÓN RESPECTO DE LA BASE DE COTIZACIÓN, DE LAS CONTINGENCIAS PROFESIONALES Y DE LA MUTUA COLABORADORA CON LA SEGURIDAD SOCIAL

IMPORTANTE: CUMPLIMENTAR EN LA SIGUIENTE HOJA

5. OTROS DATOS

5.1 DATOS RELATIVOS AL REPRESENTANTE NOMBRE Y APELLIDOS O RAZÓN SOCIAL   5.2 DATOS RELATIVOS AL AUTORIZADO DEL SISTEMA RED NOMBRE Y APELLIDOS O RAZÓN SOCIAL

Nº DE DOCUMENTO IDENTIFICATIVO   NÚMERO DE SEGURIDAD SOCIAL   NÚMERO DE LA AUTORIZACIÓN

6. A EFECTOS DE NOTIFICACIONES SEÑALA COMO DOMICILIO PREFERENTE (Marque con una "X" la opción correcta)

DOMICILIO DEL SOLICITANTE (APARTADO 1.6) ●   DOMICILIO DE LA ACTIVIDAD PROFESIONAL (APARTADO 3.4) ●   OTRO DOMICILIO (ANOTAR EN LA SIGUIENTE HOJA) ●

7. DATOS PARA LA DOMICILIACIÓN DEL PAGO DE CUOTAS

CÓDIGO INTERNACIONAL CUENTA BANCARIA (IBAN)

DOCUMENTO IDENTIFICATIVO DEL TITULAR DE LA CUENTA DE ADEUDO   TIPO DE DOCUMENTO IDENTIFICATIVO   D.N.I.:   C.I.F.:   TARJETA EXTRANJERO: PASPRT.:   Nº DE DOCUMENTO IDENTIFICATIVO

FIRMA DEL TRABAJADOR/A	FIRMA Y SELLO DEL REPRESENTANTE	DILIGENCIA DE NOTIFICACIÓN DE LA SUBSANACIÓN Y MEJORA DE LA SOLICITUD	DILIGENCIA DE NOTIFICACIÓN DE LA RESOLUCIÓN
			BOLETINES DE COTIZACIÓN RECIBIDOS: DE A
		Fecha:	Fecha:
		D.N.I.:	D.N.I.:
		FIRMA:	FIRMA:

SUBSANACIÓN Y/O MEJORA REQUERIDA

ÓRGANO AL QUE SE DIRIGE LA SOLICITUD: DIRECCIÓN PROVINCIAL O ADMINISTRACIÓN DE LA T. G. S. S. :

Aunque
estoy
entrenada
y siempre
resucito
he decidido
no morirme
nunca más.

Gloria Fuertes

"Esta reunión pudo haber sido un mail"
Óleo sobre tela